글쓴이 임정진

대학에서 국문학을 공부한 뒤 잡지사 기자, 카피라이터, 사보편집자, 방송국 어린이 프로그램 구성작가로 일했습니다.
현재는 서울디지털대학 문창학과 객원교수로 아동문학을 강의하며 열심히 어린이를 위한 책을 쓰고 있습니다.
쓴 책으로 『바우덕이』, 『나보다 작은 형』, 『땅끝마을 구름이 버스』 등이 있습니다.

그린이 심성엽

1976년에 서울에서 태어나 대학에서 산업미술을 전공했습니다. 주로 수채화로 작업을 하며, 지금은 펜화에 매료되어 있습니다.
'일러스트작가 99인전', '그림작가 21인전', '출미협전', '별마루전' 등 다수의 전시기획전에 참여했습니다.
그린 책으로 『탈무드』, 『삼국유사』, 『뽕뽕 신발 신고 어디 가니?』, 『테헤란에서 온 편지』, 『오즈의 마법사』, 『황금물고기』 등이 있습니다.

인문그림책 15 세상을 행복하게 하는 작은 노력, 적정기술

1판 1쇄 발행 2014년 8월 5일 | 1판 9쇄 발행 2023년 1월 20일
글쓴이 임정진 | 그린이 심성엽 | 펴낸이 김민지 | 펴낸곳 미래M&B
등록 1993년 1월 8일(제10-772호) | 주소 04030 서울시 마포구 동교로 134(서교동 464-41) 미진빌딩 2층
전화 (02)562-1800(대표) | 팩스 (02)562-1885(대표) | 전자우편 mirae@miraemnb.com
홈페이지 www.miraei.com | 블로그 blog.naver.com/miraeibooks | 인스타그램 @mirae_ibooks
ISBN 978-89-8394-769-7 (77610)

※ 잘못 만들어진 책은 구입처에서 바꾸어 드립니다.

아이의 미래를 여는 힘, **미래i아이** 는 미래M&B가 만든 유아·아동 도서 브랜드입니다.

세상을 행복하게 하는 작은 노력
적정기술

임정진 글 | 심성엽 그림

미래i아이

소외된 이웃에게 빛을!

방 안이 어둡다고요? 얼른 스위치를 콕 눌러요.
'반짝' 전구에 불이 들어와서 금방 환해집니다.
하지만 전깃불을 맘대로 켤 수 없는 사람들이 있어요.
먹을 걸 사기에도 돈이 부족한 사람들한테는
전구를 켜는 전기 요금도 무섭거든요.

페트병 물병 전구

쿵
"아얏!"
"마리사, 괜찮니?"
할머니는 마리사가 많이 다쳤을까 봐 놀랐습니다.
마리사는 다시 더듬거리며 집 밖으로 나왔습니다.
"이런, 무릎에 멍이 들었잖니."
마리사 집은 대낮에도 컴컴합니다.
어두운 집 안에서 걸어 다니면 여기저기 부딪히기 일쑤입니다.
'우리 집도 전등을 켤 수 있게 해 주세요.'
마리사는 늘 잠자기 전에 이런 기도를 했습니다.

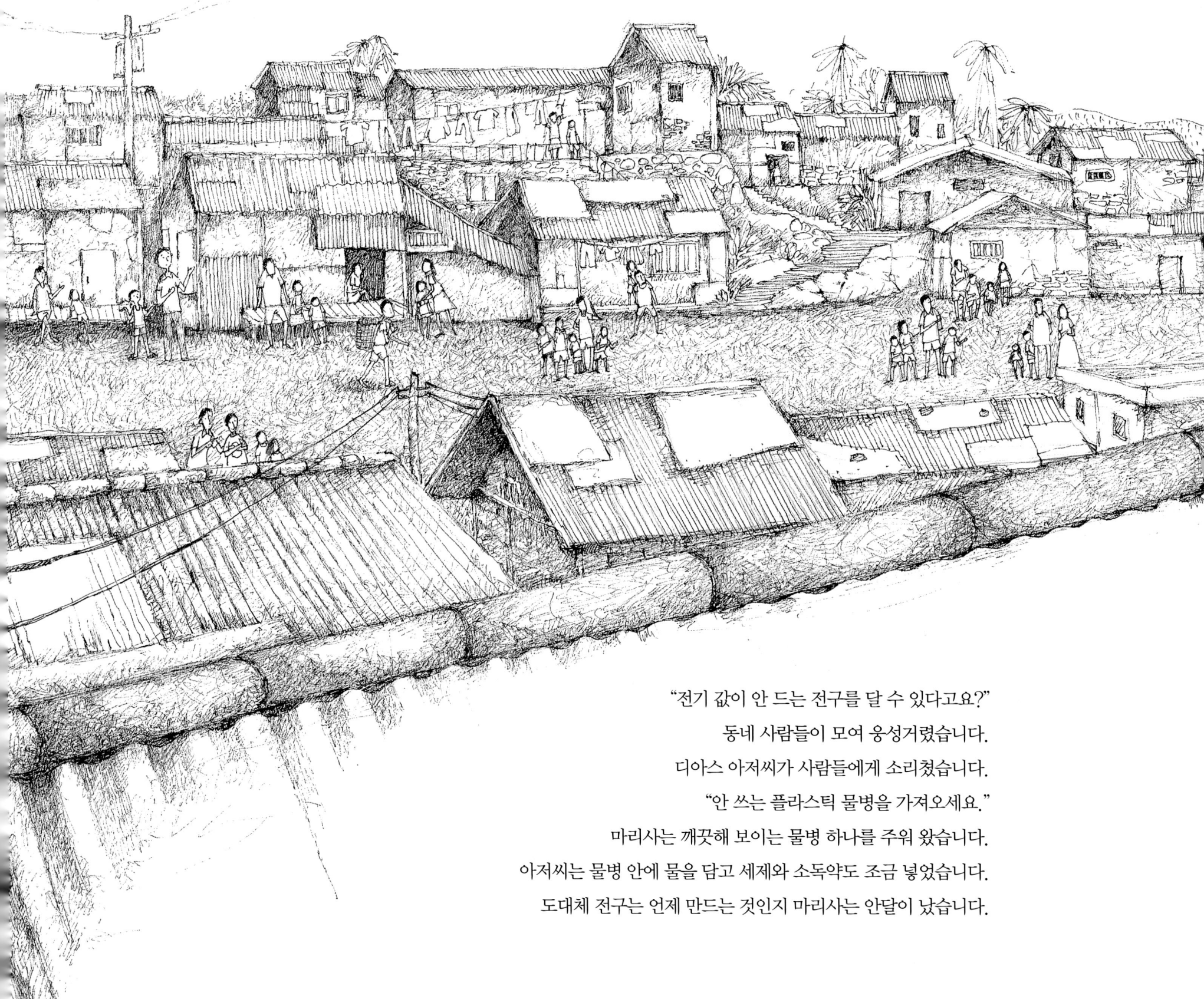

"전기 값이 안 드는 전구를 달 수 있다고요?"
동네 사람들이 모여 웅성거렸습니다.
디아스 아저씨가 사람들에게 소리쳤습니다.
"안 쓰는 플라스틱 물병을 가져오세요."
마리사는 깨끗해 보이는 물병 하나를 주워 왔습니다.
아저씨는 물병 안에 물을 담고 세제와 소독약도 조금 넣었습니다.
도대체 전구는 언제 만드는 것인지 마리사는 안달이 났습니다.

디아스 아저씨는 물병을 들고
마리사 집 지붕에 올라가 구멍을 조금 뚫었습니다.
"어, 그러면 지붕에서 비가 샐 텐데요……."
마리사는 걱정스런 얼굴이 되었습니다.
"틈이 없도록 잘 막아 줄게."
디아스 아저씨는 물병을 지붕의 구멍에 꽂았습니다.
그러고는 액체 고무 같은 실리콘으로 틈새를 발랐습니다.
"마리사, 집 안으로 들어가 봐라."
마리사는 얼른 안으로 들어가 보았습니다.

"우아, 환해요! 물병이 빛나요!"

구경하던 사람들도 집 안을 들여다보며 박수를 쳤습니다.

"와, 정말 신기하다. 열 달 뒤에 물만 갈아 주면 된대."

"전기 값도 안 들고 진짜 전구처럼 환하네!"

마리사는 환하게 웃었습니다.

이제 집 안의 먼지도 잘 보였습니다.

마리사는 청소부터 해야겠다고 생각했습니다.

 **재활용 페트병으로 만든 물병 전구**

음료수 페트병을 재활용한 태양광 물병 전구는 전기가 필요 없다. 페트병이 햇빛을 끌어들여 각도를 잘 맞춰 설치하면 55와트 전구만큼의 빛을 내기 때문이다. 물론 밤에는 쓸 수 없지만 낮에도 집 안이 어두운 이들에게는 큰 도움이 된다. 아이디어를 낸 사람은 브라질의 알프레두 모세르라는 기술자로, 2002년에 이 전구를 개발했다. 햇빛과 약간의 세제를 넣은 물병만으로 어둠을 물리치는 이 전구는 전기 요금도 필요 없고, 제작비용도 거의 들지 않는데다 한 번 설치하면 5년은 사용할 수 있다. 정전이 잦고 전기 값이 비싸고 창문도 없는 판잣집이 많은 필리핀, 브라질 빈민촌 같은 곳에 꼭 필요한 발명품이다. 필리핀 구호기구 마이쉘터재단의 일락 디아즈는 2011년에 이 방식을 전파하기 위한 사회적 기업을 세웠다. 모세르와 마이쉘터재단, MIT 등은 이 장치를 빈민가에 설치하는 '1리터의 빛' 운동을 함께 벌이고 있다.

우리도 깨끗한 물을 마시고 싶어요

살아 있는 생명은 누구나 물이 필요합니다.

더러운 물을 마시면 여러 가지 병에 걸립니다.

전 세계에 10억 명은 깨끗한 물을 구하기 어렵습니다.

상수도 시설을 갖추거나 정수기를 마련하는 일은

이들에겐 꿈 같은 이야기입니다.

유니세프 자료에 의하면,

하루에 약 5000명 이상의 어린이들이 더러운 물 때문에

이질, 설사, 장티푸스 등의 병으로 사망한다고 합니다.

깨끗한 물이 있었다면 살릴 수 있는 생명들입니다.

생명의 빨대

데니스는 집 앞의 강물을 내려다보았습니다.
며칠 전, 큰비가 와서 강물은 더욱 더러워졌습니다.
지저분한 것들이 떠내려와 서로 뒤엉켜 있었습니다.
"엄마, 도리스가 아팠던 것도 이런 물을 마셨기 때문이지요?"
엄마는 말없이 고개를 끄덕였습니다.
작년에 도리스는 매우 아팠습니다.
여러 날 설사를 하고 토했지만,
병원이 너무 멀어서 데려갈 수 없었습니다.
치료비를 마련하기도 어려웠습니다.
더러운 물을 먹고 배가 아프다고 칭얼대던 도리스는
겨우 네 살에 죽고 말았습니다.

"엄마, 나 목말라요. 그냥 이 물이라도 마실까요?"
그러자 엄마가 옷자락을 가리켰습니다.
"옷으로 물을 걸러 내서 마셔. 조금만."

데니스는 꾀죄죄한 옷에 거른 물을 양철 컵에 따랐습니다.
컵 안의 물은 누렇고 찌꺼기들이 떠다녔습니다.
그때 아빠가 달려오며 소리쳤습니다.
"데니스, 잠깐만. 그 물 마시지 마!"
아빠는 손에 작은 막대기 같은 걸 들고 있었습니다.
"구호품으로 오늘 받은 건데, '생명의 빨대'래. 물 마실 때 사용하면 돼."
아빠는 생명의 빨대를 강물에 대고 데니스에게 천천히 빨아 먹으라고 했습니다.
"아빠, 물이 맛있어요. 개운해요!"
데니스는 꿀꺽꿀꺽 물을 마셨습니다.
엄마는 생명의 빨대를 신기하게 바라보며 중얼거렸습니다.
"작년에 받았으면 좋았을 텐데……."

생명의 빨대

생명의 빨대는 간편하게 들고 다니다가 물을 마실 때 쓰는 작은 도구로, 개인용은 1년간 700리터의 물을 정수할 수 있다. 여행자나 수도 시설이 없는 주민들이 땅 위로 흐르는 물을 마실 때 사용한다. 길이 10인치, 직경이 1인치이며 필터 가격은 2달러이다.
원통형 플라스틱 통 안에 정수용 필터가 세 가지 들어 있다. 특허 등록한 활성탄층까지 통과하면 물속 박테리아와 기생충, 바이러스 등을 모두 걸러 내서 안전한 물이 된다. 가나, 나이지리아, 파키스탄, 우간다 등에서 많이 사용하고 있다. 덴마크의 프랜드슨이 개발했다.

가난한 이들에게 삶의 여유와 희망을!

남아프리카에서는 펌프와 회전목마 같은 아이들의 놀이 기구를 이용해
마을 전체에 신선한 물을 공급합니다.
인도의 작은 남부 지방에서는 소형 진공펌프를 자전거와 연결하여
두세 명이 자전거 페달을 밟으면 정화조를 청소할 수 있게 했습니다.
이것은 막대한 비용이 들어가는 것도, 실행하기도 어렵지 않은
간단하지만 그 효과는 매우 큰 기술들입니다.
이런 기술들이 지구 곳곳 가난한 지역에 전파되어
불편했던 생활에 큰 도움이 되고 있습니다.

끈달이 물통 큐드럼

"제이슨, 물 뜨러 가자."
매일 아침이면 친구 마크가 찾아옵니다.
제이슨은 허겁지겁 남은 옥수수빵 부스러기를 입에 넣었습니다.
엄마가 힘없이 웃으며 제이슨에게 물통을 내려 주었습니다.
병에 걸린 엄마는 어린 제이슨에게 물 떠오는 일을 시키는 것이
늘 마음 아팠습니다.
먹을 수 있는 물이 흐르는 강물까지는 걸어서 한 시간이 걸립니다.
하지만 올 때는 더 많은 시간이 걸립니다.
물통이 너무 무거운데다 물이 쏟아질까 걱정되어서
빨리 걸을 수 없기 때문입니다.

마크와 제이슨은 물을 뜨러 걸어가면서 서로에게 묻곤 했습니다.
"오늘 학교에서는 뭘 배울까?"
"글쎄. 어려운 덧셈을 배울지 몰라."
"지난 번 배운 노래 생각 나?"
"그럼 다 외웠지."
마크와 제이슨은 함께 노래를 불렀습니다.
제이슨은 다시 학교에 가고 싶었습니다.
하지만 물을 긷느라 학교에 갈 수가 없었습니다.
"내일부터는 동생도 물 뜨러 같이 올 거야. 물이 모자라거든."
마크는 그렇게 말하고는 한숨을 푹 내쉬었습니다.
둘은 말없이 먼지 나는 길을 걸어갔습니다.
강은 멀기도 했습니다.

"제이슨, 제이슨! 어서 나와 봐! 우리 이제 학교에 갈 수 있어!
이 물통만 있으면 말이야."
마크가 도넛처럼 생긴 이상한 통을 들고 서서는 호들갑을 떨었습니다.
마크의 말이 맞았습니다.
그 신기하게 생긴 물통은 물을 채우고 줄을 잡아당기면
데굴데굴 구르며 강아지처럼 따라왔습니다.
힘도 안 들고 물도 흘리지 않아 한번에 많은 물을 길어올 수 있었습니다.
"제이슨, 서둘러! 얼른 가져다 놓고 학교 가야지."
"응, 지금 가고 있어!"

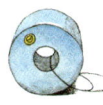 동그란 물통 큐드럼

아프리카에는 물이 부족한 동네가 많다.
마실 물을 구하러 멀리까지 다녀오는 일은 아주 힘이 든다.
어린이들이 이 일을 하는 경우가 많은데 어른들은 돈을 벌기
위해 일을 나가야 하기 때문이다. 물을 길어오는데 시간이 많이
걸려 어린이들은 학교에도 가지 못하곤 한다. 그들이 쓰는 물통과
물항아리는 매우 무거워서 어린이들이 운반하기 힘들거나 너무 약해서
잘 깨진다. 물이 넘치기도 하며 한꺼번에 물을 많이 길어올 수도 없다.
남아프리카공화국의 핸드릭스 형제는 이런 아프리카의 고통을 보고
1993년에 '큐드럼'이라는 물통을 개발하였다. 도넛처럼 생긴 튼튼한
바퀴 모양 물통에 끈이 달려 있어 물을 담은 뒤 끈을 잡아당기면
굴러가는 도구이다. 물통이 데굴데굴 굴러오기 때문에 훨씬 힘은 덜
들고 70리터의 물을 한꺼번에 운반할 수 있어 어린이들이 학교에 갈
시간을 얻을 수 있었다.
이 물통은 케냐, 나미비아, 에티오피아, 르완다, 탄자니아, 가나 등에
보급되어 사용되고 있다.

항아리 냉장고

"토마토 사세요. 토마토요."
헤레나는 시장 한 구석에서 농사지은 과일과 야채를 팝니다.
헤레나가 농사지은 토마토와 오이는 맛이 좋기로 유명합니다.
하지만 날씨가 점점 더워져서 야채 팔기가 쉽지 않습니다.
"토마토가 크기는 한데 너무 시들었네요."
더위 때문에 수확한 야채와 과일들이
너무 일찍 물러 터져서 손님들이 그냥 지나쳐 갔습니다.
헤레나는 기운이 쭉 빠졌습니다.

옆자리에서 장사를 하는 프레디는 자신 있게 소리쳤습니다.
"시원하고 싱싱한 토마토 사세요! 싱싱한 토마토요!"
헤레나는 곁눈으로 프레디네 야채를 보았습니다.
"프레디, 그 토마토는 4일 전에 땄잖아. 그런데 아직도 싱싱해?"
"시원하게 보관하니까 그렇지"
"어떻게?"
"항아리 냉장고가 있지. 전기 값도 안 들고 정말 좋아."
헤레나는 마술 같은 항아리 냉장고를 꼭 마련하고 싶었습니다.

 농작물을 싱싱하게, 항아리 냉장고

음식을 오래 보관하려면 우리는 냉장고 안에 넣어 둔다. 하지만 냉장고는 비싸고 전기가 필요하다. 냉장고를 살 돈도 없고 전기 값을 낼 돈도 없는 사람들에게 냉장고는 그림의 떡이다. 가난한 농부들은 야채와 과일을 팔아 생계를 유지한다. 그런데 농산물을 담 시장까지는 대개 거리가 멀어서 그곳에 도착하면 이미 다 시들어버리는 경우가 많다. 그러면 제값을 받을 수 없고, 금방 상해서 버려야 한다. 나이지리아 모하메드 바아바는 비용이 적게 들고 전기가 필요 없는 항아리 냉장고를 발명했다. 항아리 냉장고를 만드는 방법은 간단하다. 우선 두 개의 항아리가 필요하다. 큰 항아리 바닥에 작은 구멍을 뚫고, 작은 항아리를 큰 항아리 안에 넣어 가장자리 틈새를 모래로 채운다. 이 모래에 물을 부으면 물이 마르면서 열을 빼앗아 항아리 안이 시원하게 된다. 작은 항아리 안에 야채나 과일을 넣고 위는 헝겊으로 덮어 주면 된다. 그러면 야채와 과일이 여러 날 동안 싱싱하게 보관되어 시장에서 제값을 받고 팔 수 있다.

발로 돌리는 세탁기, 기라도라

"엄마, 옷이 눅눅해. 이걸 어떻게 입고 가요?"
"내 것도! 욱, 냄새!"
"어휴, 어쩌니?"
엄마가 한숨을 푹 내쉽니다.
오랜 시간 빨래하느라 엄마는 늘 어깨가 아프고 손도 거칠어졌습니다.
그런데도 햇볕이 쨍쨍 나지 않으면 빨래가 잘 마르지 않아
식구들은 눅눅하고 냄새나는 옷을 입고 다녀야 했습니다.
"세탁기가 있으면 좋으련만………."

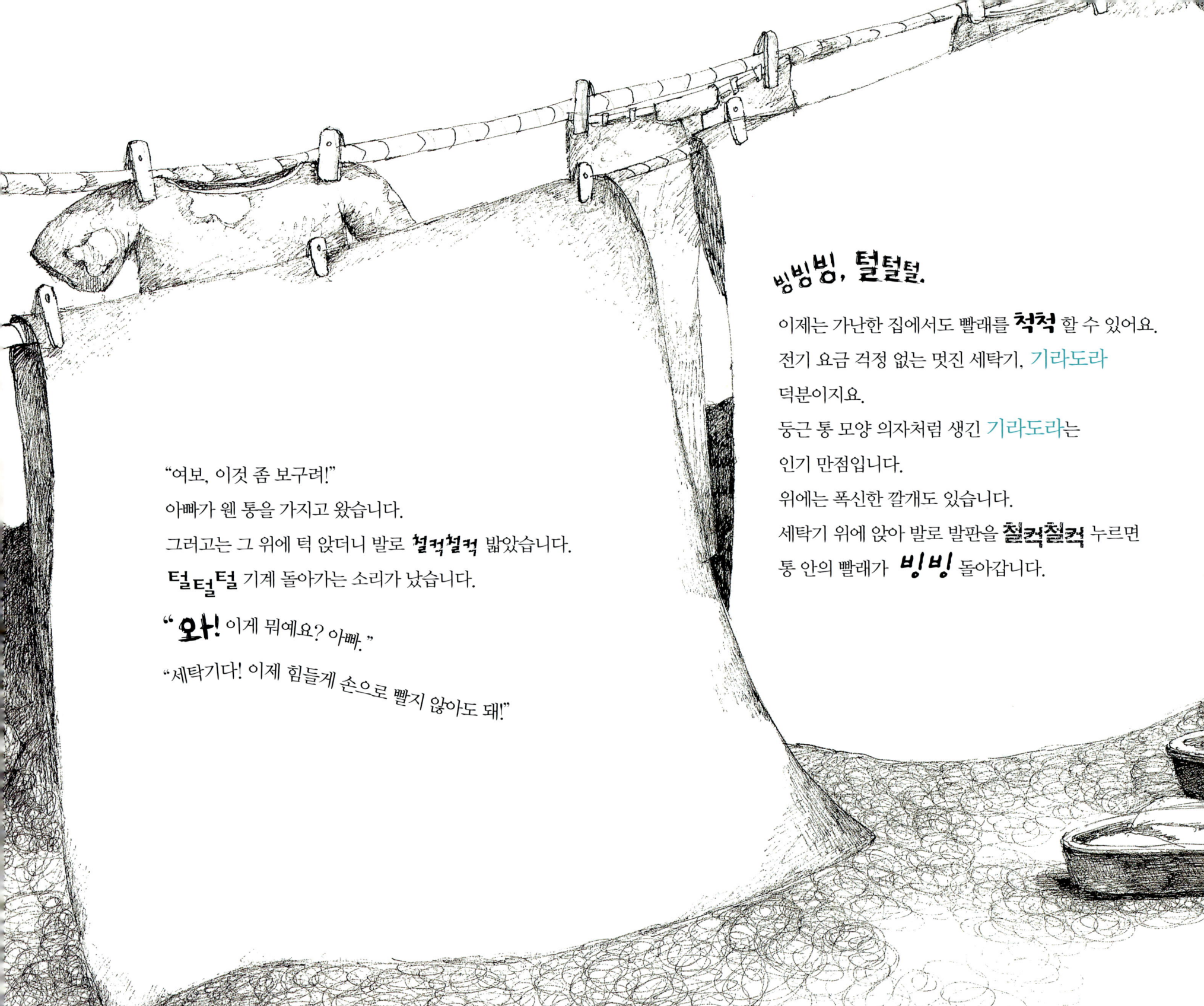

"여보, 이것 좀 보구려!"
아빠가 웬 통을 가지고 왔습니다.
그러고는 그 위에 턱 앉더니 발로 **철컥철컥** 밟았습니다.
털털털 기계 돌아가는 소리가 났습니다.
"**와!** 이게 뭐예요? 아빠."
"세탁기다! 이제 힘들게 손으로 빨지 않아도 돼!"

빙빙빙, 털털털.

이제는 가난한 집에서도 빨래를 **척척** 할 수 있어요.
전기 요금 걱정 없는 멋진 세탁기, 기라도라 덕분이지요.
둥근 통 모양 의자처럼 생긴 기라도라는 인기 만점입니다.
위에는 폭신한 깔개도 있습니다.
세탁기 위에 앉아 발로 발판을 **철컥철컥** 누르면
통 안의 빨래가 **빙빙** 돌아갑니다.

물도 적게 들고 빨래는 깨끗이 되는 기라도라 덕분에
아이들은 이제 **뽀송뽀송한** 옷을 입고 다닙니다.
엄마들은 세탁을 하면서 전과 달리 즐겁게 이야기도 나눕니다.
"빨래도 잘 되지만 빨리 말라서 좋아요."
"빨래하느라 아팠던 팔이 이젠 다 나았다니까요."

 전기가 없는 가난한 사람들을 위한 세탁기, 기라도라

페루 리마의 한 마을에는 약 3만 명의 빈민가 사람들이 거주하는데, 전기는 물론 상하수도 시설이 없어서 물이 항상 부족하다. 하루에 수입은 4달러에서 10달러 안팎인 이 빈민가 사람들은 전기도 들어오지 않아 빨래하는데 많은 시간을 빼앗겼다. 필요한 물을 길어 와야 하고, 일일이 손으로 빨아야 하기 때문이다. 더 큰 문제는 빨래도 힘들지만 건조가 잘 안 돼서 아이들은 완전히 마르지 않은 눅눅하고 냄새나는 옷을 입고 다녀야 했다. 이런 이들을 위해 미국의 알렉스 캐버녹과 유지아는 '기라도라'를 만들어 선물했다.

몽골 추위를 녹인 지세이버

"아빠, 추워요."
콜록콜록 기침을 하던 꼬마가 이른 새벽에 잠에서 깼습니다.
게르 안에는 난로가 있어 석탄이나 나무로 불을 피웁니다.
그러나 석탄 값은 비싸고 난로는 잠깐 따뜻했다가 금방 식어 버립니다.
"벌써 다 식어 버렸어. 석탄을 더 넣어 줄게. 이런, 석탄도 얼마 안 남았네."
자다 말고 깨어서 석탄을 갈아 넣으려니 잠을 충분히 잘 수 없습니다.
게다가 석탄을 사느라 많은 돈을 써야 해서
다른 필요한 물건을 사지 못할 때가 많습니다.

몽골 대학 건축과에서 학생들 가르치던 한국인 김만갑 교수도
몽골의 추위를 겪었습니다.
김만갑 교수는 게르 안의 난로가 쉽게 식어 버리는 것이 안타까웠습니다.
'난로의 열을 더 오래 붙잡아 두는 방법은 없을까?'
1년간 김 교수는 여러 가지 실험을 했습니다.
게르 안을 한국 온돌방처럼 따뜻하게 하고 싶었습니다.
하지만 몽골 사람들은 가축을 기르느라 이곳저곳으로 게르를 옮겨야 합니다.
그러니 바닥에 온돌을 놓을 수는 없었습니다.

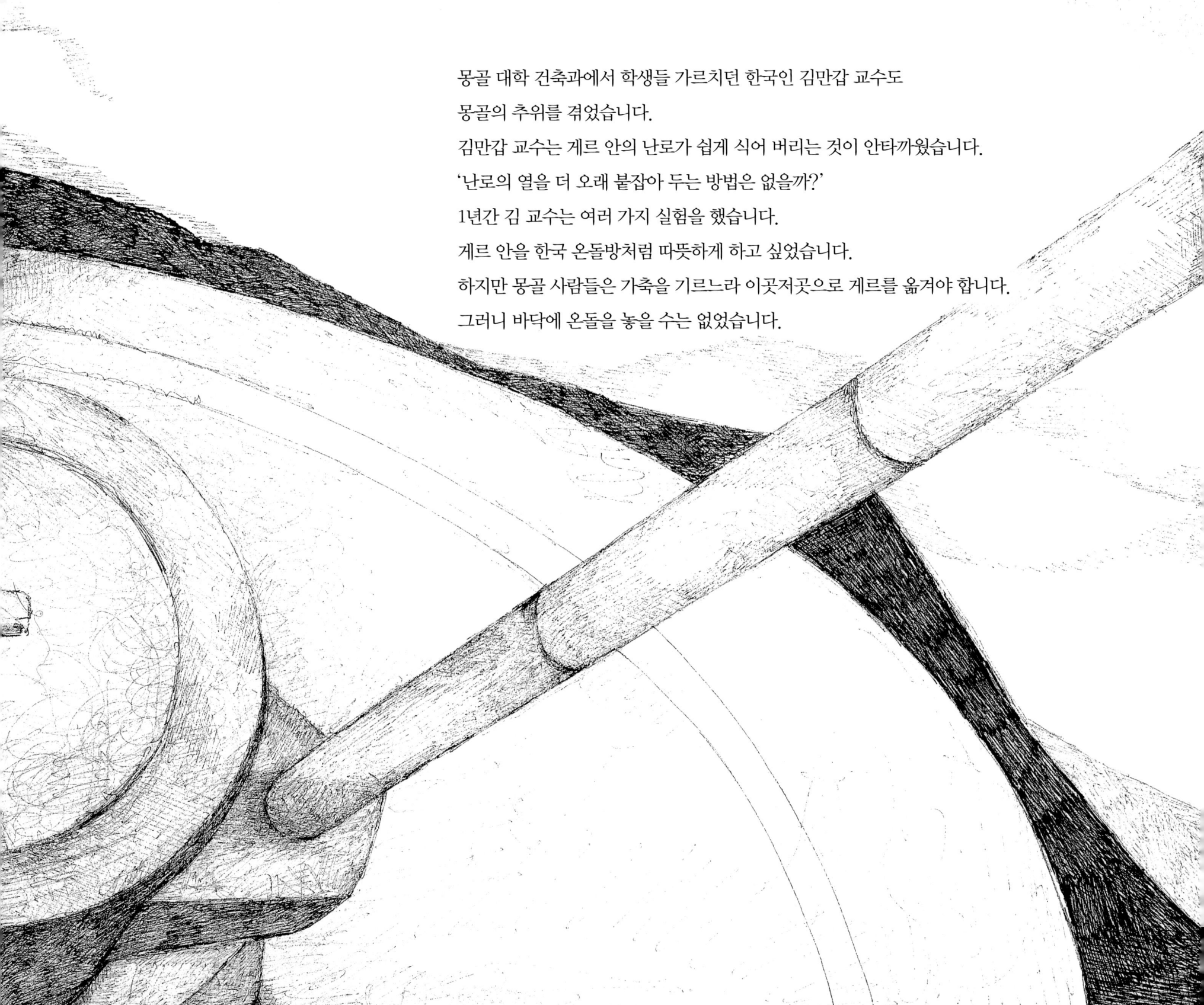

김만갑 교수는 오랜 시간 여러 번의 실험 끝에
난로 위에 올려놓는 새로운 장치를 만들었습니다.
바로 열을 품는 지세이버였지요.
"석탄을 조금만 써도 오래도록 게르 안이 따뜻합니다. 감사합니다."
몽골 사람들은 이제 겨울이 겁나지 않습니다.
석탄 값은 절약되고 집 안은 더 따뜻해졌습니다.
무엇보다도 자다 말고 깨어서 석탄을 넣는 수고를 할 필요가 없어서
잠을 푹 잘 수 있어 참 좋았습니다.

몽골 사람들에게 따뜻함을 선물한 지세이버

몽골은 1년에 아홉 달이 겨울인 나라이다. 겨울 밤에는 기온이 영하 40도까지 내려가는 날도 많다. 이처럼 춥고 건조한 날씨 탓에 생활비의 70퍼센트 이상이 난방비로 쓰인다. 그러다 보니 몽골의 빈민들이 모여 사는 게르촌의 겨울은 더욱 춥고 가혹할 수밖에 없다. 아이들은 난방비를 벌기 위해 학교에도 가지 못하고 혹독한 추위를 뚫고 쓰레기를 줍는다. 우리나라 김만갑 교수는 몽골에 봉사활동을 하러 갔다가 지세이버를 개발했다. 지세이버는 우리나라 적정기술 1호 제품이다.

발로 밟아 물을 끌어올리는 발판 펌프

방글라데시의 가난한 농부들은 양동이로 물을 퍼다가 밭에 물을 뿌렸습니다.
작은 밭이지만 그렇게 물을 주려면 하루 종일 일해야 했습니다.
"아이고, 힘들어. 이렇게 해서 언제 다 주나?"
농부들은 물을 끌어올려 주는 펌프가 꼭 필요했습니다.

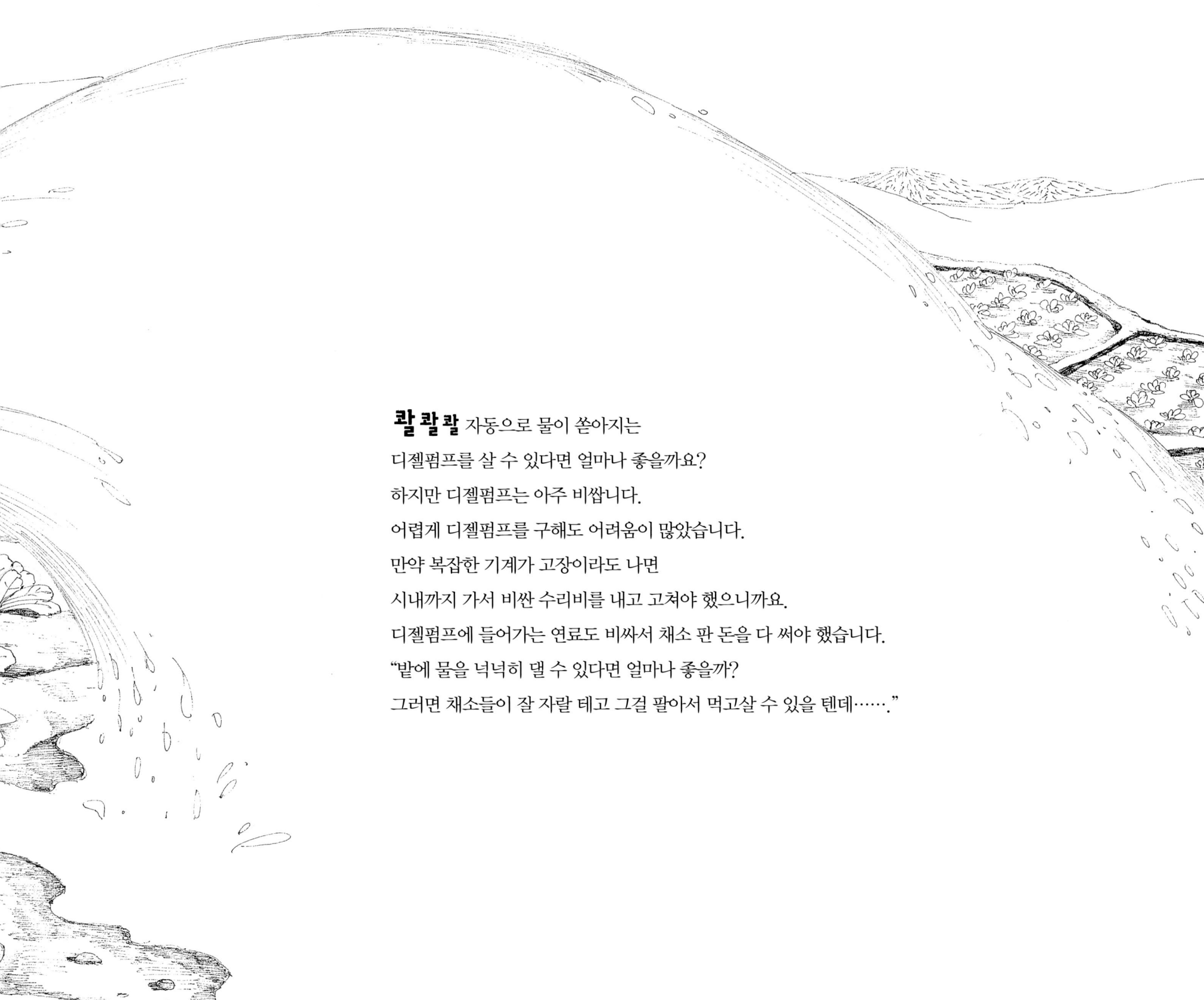

콸 콸 콸 자동으로 물이 쏟아지는
디젤펌프를 살 수 있다면 얼마나 좋을까요?
하지만 디젤펌프는 아주 비쌉니다.
어렵게 디젤펌프를 구해도 어려움이 많았습니다.
만약 복잡한 기계가 고장이라도 나면
시내까지 가서 비싼 수리비를 내고 고쳐야 했으니까요.
디젤펌프에 들어가는 연료도 비싸서 채소 판 돈을 다 써야 했습니다.
"밭에 물을 넉넉히 댈 수 있다면 얼마나 좋을까?
그러면 채소들이 잘 자랄 테고 그걸 팔아서 먹고살 수 있을 텐데……."

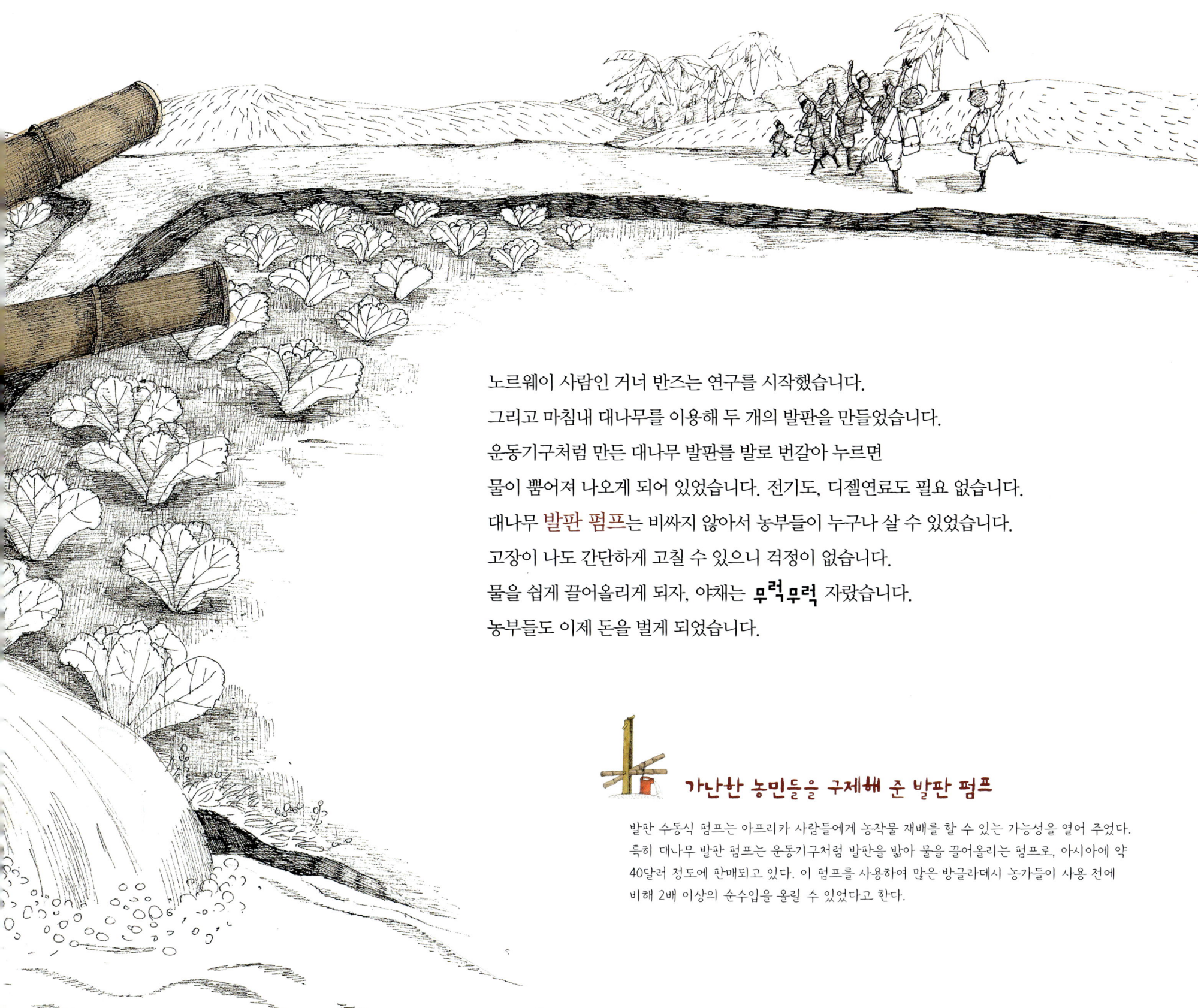

노르웨이 사람인 거너 반즈는 연구를 시작했습니다.
그리고 마침내 대나무를 이용해 두 개의 발판을 만들었습니다.
운동기구처럼 만든 대나무 발판를 발로 번갈아 누르면
물이 뿜어져 나오게 되어 있었습니다. 전기도, 디젤연료도 필요 없습니다.
대나무 **발판 펌프**는 비싸지 않아서 농부들이 누구나 살 수 있었습니다.
고장이 나도 간단하게 고칠 수 있으니 걱정이 없습니다.
물을 쉽게 끌어올리게 되자, 야채는 **무럭무럭** 자랐습니다.
농부들도 이제 돈을 벌게 되었습니다.

가난한 농민들을 구제해 준 발판 펌프

발판 수동식 펌프는 아프리카 사람들에게 농작물 재배를 할 수 있는 가능성을 열어 주었다. 특히 대나무 발판 펌프는 운동기구처럼 발판을 밟아 물을 끌어올리는 펌프로, 아시아에 약 40달러 정도에 판매되고 있다. 이 펌프를 사용하여 많은 방글라데시 농가들이 사용 전에 비해 2배 이상의 순수입을 올릴 수 있었다고 한다.

에·필·로·그

적정기술이란 무엇일까요?

적정기술은 세상을 바꾸는 작고 아름다운 기술입니다.
사람들이 행복하게 살기 위해서 반드시 필요한 것이 있습니다.
음식과 집과 옷은 물론이고요.
추우면 따뜻하게 집 안을 덥혀야 하고
음식은 신선하게 보관했다가 먹어야 하고
끼니마다 음식을 조리할 연료가 필요합니다.
깨끗한 물을 언제든지 마실 수 있어야 하고
농사지을 도구와 물이 필요합니다.
어두울 때는 불을 켤 수 있어야 하고
공부에 필요한 책과 공책도 있어야 합니다.
누구나 당연히 누리고 있는 조건들이라고요?
그러나 안타깝게도 이런 기본적인 조건들조차 누구나 누리고 있는 게 아닙니다.

화성 탐사선이나 시속 200킬로미터 기차나 손목에 차고 다니는
컴퓨터 등의 기술에 비하면 적정기술은 아주 간단한 기술입니다.
최첨단 기술은 아닐지라도 적정기술은 꼭 필요한 기술입니다.
건강을 지키고 행복해지기 위한 도구들을 만드는 기술입니다.
적정기술은 값이 비싸지 않습니다. 전기나 물을 많이 사용하면 안 됩니다.
대부분의 가난한 사람들은 깨끗한 물과 전기를 맘대로 쓰기 어려운 형편입니다.
또한 적정기술로 만든 도구는 수리하기 간편해야 하고,
수리 부품을 구하기 쉬워야 합니다.
쓰는 사람들이 스스로 사용법을 배우고 고칠 수 있어야 합니다.
그 기술을 사용할 사람들의 문화와 생활 습관에 잘 맞아야 합니다.
지구에 사는 모든 이들이 기본적인 행복을 누릴 수 있도록 하려는 게
적정기술의 목표입니다.
적정기술을 보다 널리 활용하여 더 좋은 것들이 나왔으면 합니다.
그러면 지금보다 지구촌 사람들이 행복해지기 때문입니다.
학력도 남녀노소 구분도 없습니다.
많은 사람들을 안전하고 행복하게 하는, 작지만 소중한 기술을
우리도 연구해 볼까요?